U0938028

恨不十年读书

清・钱松

经典修身课

二〇一六 记事

诗云⊙编选

辽宁人民出版社

2016

农历丙申年

1 Jan.

					1 元旦	2 廿三
3 廿四	4 廿五	5 廿六	6 小寒	7 廿八	8 廿九	9 三十
10 腊月	11 初二	12 初三	13 初四	14 初五	15 初六	16 初七
17 腊八节	18 初九	19 初十	20 大寒	21 十二	22 十三	23 十四
24 十五	25 十六	26 十七	27 十八	28 十九	29 二十	30 廿一
31 廿二						

2 Feb.

	1 小年	2 廿四	3 廿五	4 立春	5 廿七	6 廿八
7 除夕	8 春节	9 初二	10 初三	11 初四	12 初五	13 初六
14 初七	15 初八	16 初九	17 初十	18 十一	19 雨水	20 十三
21 十四	22 元宵节	23 十六	24 十七	25 十八	26 十九	27 二十
28 廿一	29 廿二					

3 Mar.

		1 廿三	2 廿四	3 廿五	4 廿六	5 惊蛰
6 廿八	7 廿九	8 妇女节	9 二月	10 龙头节	11 初三	12 植树节
13 初五	14 初六	15 消费者 权益日	16 初八	17 初九	18 初十	19 十一
20 春分	21 十三	22 十四	23 十五	24 十六	25 十七	26 十八
27 十九	28 二十	29 廿一	30 廿二	31 廿三		

4 Apr.

					1 廿四	2 廿五
3 廿六	4 清明	5 廿八	6 廿九	7 三月	8 初二	9 初三
10 初四	11 初五	12 初六	13 初七	14 初八	15 初九	16 初十
17 十一	18 十二	19 谷雨	20 十四	21 十五	22 地球日	23 十七
24 十八	25 十九	26 二十	27 廿一	28 廿二	29 廿三	30 廿四

5 May

1 劳动节	2 廿六	3 廿七	4 青年节	5 立夏	6 三十	7 四月
8 母亲节	9 初三	10 初四	11 初五	12 护士节	13 初七	14 初八
15 初九	16 初十	17 十一	18 博物馆日	19 十三	20 小满	21 十五
22 十六	23 十七	24 十八	25 十九	26 二十	27 廿一	28 廿二
29 廿三	30 廿四	31 廿五				

6 Jun.

			1 儿童节	2 廿七	3 廿八	4 廿九
5 芒种	6 初二	7 初三	8 初四	9 端午节	10 初六	11 初七
12 初八	13 初九	14 初十	15 十一	16 十二	17 十三	18 十四
19 父亲节	20 十六	21 夏至	22 十八	23 十九	24 二十	25 廿一
26 廿二	27 廿三	28 廿四	29 廿五	30 廿六		

2016

农历丙申年

7 Jul.

					1 建党节	2 廿八
3 廿九	4 六月	5 初二	6 初三	7 小暑	8 初五	9 初六
10 初七	11 初八	12 初九	13 初十	14 十一	15 十二	16 十三
17 十四	18 十五	19 十六	20 十七	21 十八	22 大暑	23 二十
24 廿一	25 廿二	26 廿三	27 廿四	28 廿五	29 廿六	30 廿七
31 廿八						

8 Agu.

	1 建军节	2 三十	3 七月	4 初二	5 初三	6 初四
7 立秋	8 初六	9 七夕节	10 初八	11 初九	12 初十	13 十一
14 十二	15 十三	16 十四	17 中元节	18 十六	19 十七	20 十八
21 十九	22 二十	23 处暑	24 廿二	25 廿三	26 廿四	27 廿五
28 廿六	29 廿七	30 廿八	31 廿九			

9 Sep.

				1 八月	2 初二	3 抗战胜利日
4 初四	5 初五	6 初六	7 白露	8 初八	9 初九	10 教师节
11 十一	12 十二	13 十三	14 十四	15 中秋节	16 十六	17 十七
18 十八	19 十九	20 二十	21 廿一	22 秋分	23 廿三	24 廿四
25 廿五	26 廿六	27 廿七	28 廿八	29 廿九	30 三十	

10 Oct.

						1 国庆节
2 初二	3 初三	4 初四	5 初五	6 初六	7 初七	8 寒露
9 重阳节	10 初十	11 十一	12 十二	13 十三	14 十四	15 十五
16 十六	17 十七	18 十八	19 十九	20 二十	21 廿一	22 廿二
23 霜降	24 廿四	25 廿五	26 廿六	27 廿七	28 廿八	29 廿九
30 三十	31 十月					

11 Nov.

		1 初二	2 初三	3 初四	4 初五	5 初六
6 初七	7 立冬	8 初九	9 初十	10 十一	11 十二	12 十三
13 十四	14 十五	15 十六	16 十七	17 十八	18 十九	19 二十
20 廿一	21 廿二	22 小雪	23 廿四	24 廿五	25 廿六	26 廿七
27 廿八	28 廿九	29 十一月	30 初二			

12 Dec.

				1 初三	2 初四	3 初五
4 初六	5 初七	6 初八	7 大雪	8 初十	9 十一	10 十二
11 十三	12 十四	13 十五	14 十六	15 十七	16 十八	17 十九
18 二十	19 廿一	20 廿二	21 冬至	22 廿四	23 廿五	24 廿六
25 廿七	26 廿八	27 廿九	28 三十	29 腊月	30 初二	31 初三

2017

农历丁酉年

1 Jan.

1 元旦	2 初五	3 初六	4 初七	5 腊八节	6 初九	7 初十
8 十一	9 十二	10 十三	11 十四	12 十五	13 十六	14 十七
15 十八	16 十九	17 二十	18 廿一	19 廿二	20 小年	21 廿四
22 廿五	23 廿六	24 廿七	25 廿八	26 廿九	27 除夕	28 春节
29 初二	30 初三	31 初四				

2 Feb.

			1 初五	2 初六	3 立春	4 初八
5 初九	6 初十	7 十一	8 十二	9 十三	10 十四	11 元宵节
12 十六	13 十七	14 情人节	15 十九	16 二十	17 廿一	18 雨水
19 廿三	20 廿四	21 廿五	22 廿六	23 廿七	24 廿八	25 廿九
26 二月	27 龙头节	28 初三				

3 Mar.

			1 初四	2 初五	3 初六	4 初七
5 惊蛰	6 初九	7 初十	8 妇女节	9 十二	10 十三	11 十四
12 植树节	13 十六	14 十七	15 消费者权益日	16 十九	17 二十	18 廿一
19 廿二	20 春分	21 廿四	22 廿五	23 廿六	24 廿七	25 廿八
26 廿九	27 三十	28 三月	29 初二	30 初三	31 初四	

4 Apr.

						1 初五
2 初六	3 初七	4 清明	5 初九	6 初十	7 十一	8 十二
9 十三	10 十四	11 十五	12 十六	13 十七	14 十八	15 十九
16 二十	17 廿一	18 廿二	19 廿三	20 谷雨	21 廿五	22 地球日
23 廿七	24 廿八	25 廿九	26 四月	27 初二	28 初三	29 初四
30 初五						

5 May

	1 劳动节	2 初七	3 初八	4 青年节	5 立夏	6 十一
7 十二	8 十三	9 十四	10 十五	11 十六	12 护士节	13 十八
14 母亲节	15 二十	16 廿一	17 廿二	18 博物馆日	19 廿四	20 廿五
21 小满	22 廿七	23 廿八	24 廿九	25 三十	26 五月	27 初二
28 初三	29 初四	30 端午节	31 初六			

6 Jun.

				1 儿童节	2 初八	3 初九
4 初十	5 芒种	6 十二	7 十三	8 十四	9 十五	10 十六
11 十七	12 十八	13 十九	14 二十	15 廿一	16 廿二	17 廿三
18 父亲节	19 廿五	20 廿六	21 夏至	22 廿八	23 廿九	24 六月
25 初二	26 初三	27 初四	28 初五	29 初六	30 初七	

2017

农历丁酉年

7 Jul.

						1 建党节
2 初九	3 初十	4 十一	5 十二	6 十三	7 小暑	8 十五
9 十六	10 十七	11 十八	12 十九	13 二十	14 廿一	15 廿二
16 廿三	17 廿四	18 廿五	19 廿六	20 廿七	21 廿八	22 大暑
23 闰六月	24 初二	25 初三	26 初四	27 初五	28 初六	29 初七
30 初八	31 初九					

8 Agu.

		1 建军节	2 十一	3 十二	4 十三	5 十四
6 十五	7 立秋	8 十七	9 十八	10 十九	11 二十	12 廿一
13 廿二	14 廿三	15 廿四	16 廿五	17 廿六	18 廿七	19 廿八
20 廿九	21 三十	22 七月	23 处暑	24 初三	25 初四	26 初五
27 初六	28 七夕节	29 初八	30 初九	31 初十		

9 Sep.

					1 十一	2 十二
3 抗战胜利日	4 十四	5 中元节	6 十六	7 白露	8 十八	9 十九
10 教师节	11 廿一	12 廿二	13 廿三	14 廿四	15 廿五	16 廿六
17 廿七	18 廿八	19 廿九	20 八月	21 初二	22 初三	23 秋分
24 初五	25 初六	26 初七	27 初八	28 初九	29 初十	30 十一

10 Oct.

1 国庆节	2 十三	3 十四	4 中秋节	5 十六	6 十七	7 十八
8 寒露	9 二十	10 廿一	11 廿二	12 廿三	13 廿四	14 廿五
15 廿六	16 廿七	17 廿八	18 廿九	19 三十	20 九月	21 初二
22 初三	23 霜降	24 初五	25 初六	26 初七	27 初八	28 重阳节
29 初十	30 十一	31 十二				

11 Nov.

			1 十三	2 十四	3 十五	4 十六
5 十七	6 十八	7 立冬	8 二十	9 廿一	10 廿二	11 廿三
12 廿四	13 廿五	14 廿六	15 廿七	16 廿八	17 廿九	18 十月
19 初二	20 初三	21 初四	22 小雪	23 初六	24 初七	25 初八
26 初九	27 初十	28 十一	29 十二	30 十三		

12 Dec.

					1 十四	2 十五
3 十六	4 十七	5 十八	6 十九	7 大雪	8 廿一	9 廿二
10 廿三	11 廿四	12 廿五	13 廿六	14 廿七	15 廿八	16 廿九
17 三十	18 十一月	19 初二	20 初三	21 初四	22 冬至	23 初六
24 初七	25 初八	26 初九	27 初十	28 十一	29 十二	30 十三
31 十四						

年度
2016
Jan.–Jun.
计划

年度
2016
Jul.–Dec.
计划

					1	2	3	4	5	6	7	8	9
					元旦	廿三	廿四	廿五	廿六	小寒	廿八	廿九	三十
10	11	12	13	14	15	16	17	18	19	20	21	22	23
腊月	初二	初三	初四	初五	初六	初七	腊八节	初九	初十	大寒	十二	十三	十四
24	25	26	27	28	29	30	31						
十五	十六	十七	十八	十九	二十	廿一	廿二						

第一课 父恩

父遠行
兒隨母
出門送父

第一课　父恩

中华书局《新制初等小学修身教科书》

第二课 子道

為人子者出
必告反必面
所遊必有常

第二课　子道

商务印书馆《最新修身教科书（初小）》

父母其二

子路曰　由昔事二親
為親負米百里之外　親
歿後　雖欲為親負米
何可得也

第三课　父母

学部图书局（宣统）《初等小学简易科修身教科书》

第四课　母恩

母獨坐為兒女縫新衣

	1 小年	2 廿四	3 廿五	4 立春	5 廿七	6 廿八	7 除夕	8 春节	9 初二	10 初三	11 初四	12 初五	13 初六
14 情人节	15 初八	16 初九	17 初十	18 十一	19 雨水	20 十三	21 十四	22 元宵节	23 十六	24 十七	25 十八	26 十九	27 二十
28 廿一	29 廿二												

第五课　兄弟姊妹

兄弟姊妹

彼此相助

商务印书馆《订正女子修身教科书（国民学校）》

第五课　兄弟姊妹

商务印书馆《订正女子修身教科书（国民学校）》

第六课　长幼

長者上坐
幼者下陪
長者前行
幼者後隨

第六课　长幼

商务印书馆《订正女子修身教科书（国民学校）》

敬師 其二

呂公著 延焦千之使教諸子 諸生小有過失 先生端坐召與相對 諸生畏伏 先生方略降辭色

第七课 敬师

学部图书局（宣统）《初等小学简易科修身教科书》

鵲巢覆

一雛墮地　兒取置籠中

日飼之　雛羽漸豐

乃縱之去

第八课　爱物

中华书局《新编春季始业修身教科书（初小）》

第九课　睦邻

母在廚房製糕已成命兒捧糕送往鄰家

		1 廿三	2 廿四	3 廿五	4 廿六	5 惊蛰	6 廿八	7 廿九	8 妇女节	9 二月	10 龙头节	11 初三	12 植树节
13 初五	14 初六	15 消费者 权益日	16 初八	17 初九	18 初十	19 十一	20 春分	21 十三	22 十四	23 十五	24 十六	25 十七	26 十八
27 十九	28 二十	29 廿一	30 廿二	31 廿三									

近朱者赤
近墨者黑

第十课 慎交

商务印书馆《最新修身教科书（初小）》

擇交

染絲者　染於蒼則蒼

染於黃則黃　取友亦然

故擇交不可不慎

第十一课　择交

学部图书局（宣统）《初等小学简易科修身教科书》

第十二课　朋友

荀巨伯遠看友人疾。值寇賊攻郡。友人語巨伯曰。吾今死矣。子可去。巨伯曰遠來相視子令我去。毀義求生。豈荀巨伯所為耶。賊既至。謂巨伯曰。大軍至。一郡盡空。汝何人。而敢獨留。巨伯曰。友人有病。不忍委之。寧以我身代友人之命。賊相謂曰。我輩無義之人。不可以入有義之國。遂率師而還。一郡獲全。

吳廷舉在太學。兄事羅玘。玘病痢。僕死。廷舉自煮藥飲之。負以如廁。一晝夜數十反。玘病遂痊。

第十二课　朋友

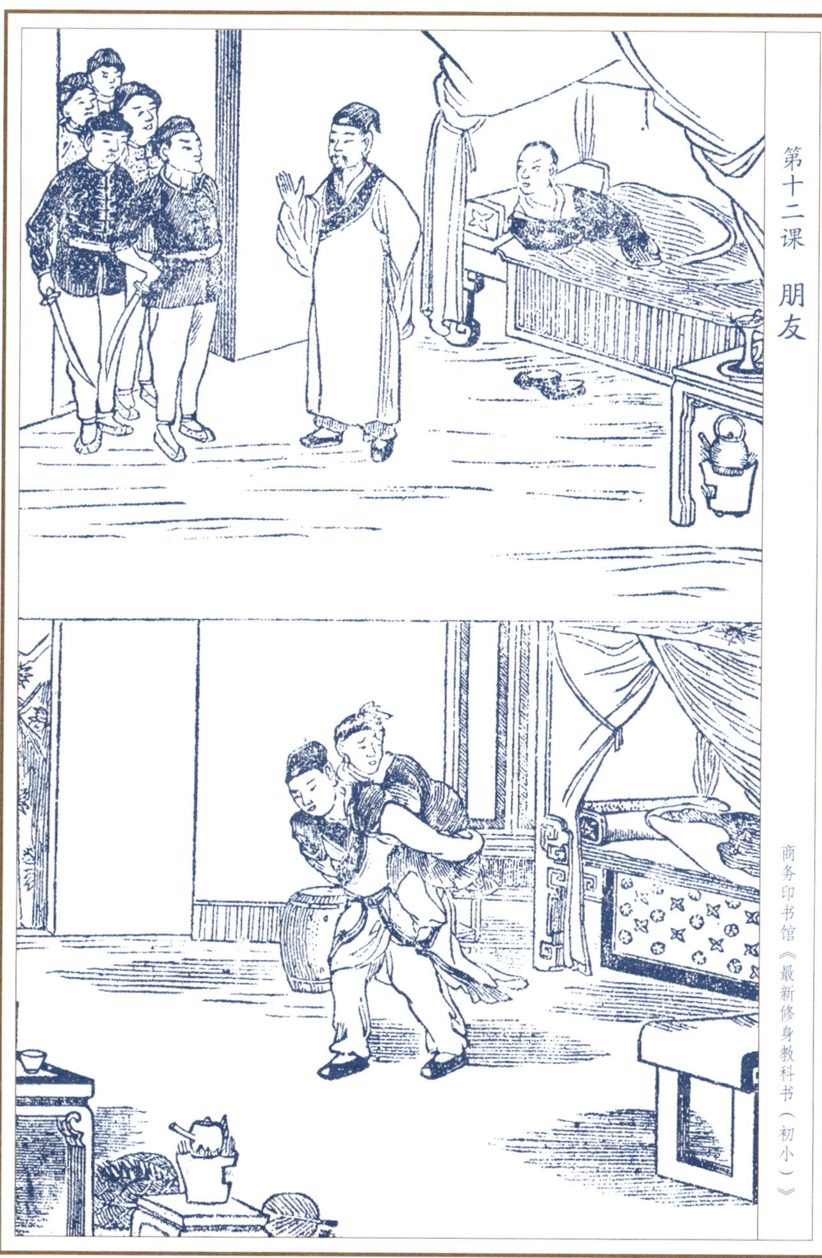

第十三课　敬客

客初來
請客上坐
客將去
讓客先行

					1	2	3	4	5	6	7	8	9
					廿四	廿五	廿六	清明	廿八	廿九	三月	初二	初三
10	11	12	13	14	15	16	17	18	19	20	21	22	23
初四	初五	初六	初七	初八	初九	初十	十一	十二	谷雨	十四	十五	十六	十七
24	25	26	27	28	29	30							
十八	十九	二十	廿一	廿二	廿三	廿四							

遵守約束

商君立木於市南門　募有能徙置北門者　予五十金　一人徙之　商君予金如約

第十四课　遵守约束

学部图书局（宣统）《初等小学简易科修身教科书》

戒作弊

冶人之子　從裘工學為裘　一狐裘雜他獸皮　直以告客　裘工怒　其父轉喜

第十五课 戒作弊

学部图书局（宣统）《初等小学简易科修身教科书》

与人約
雖遇風雨
不可不往

第十六课　践约

第十六课　践约

商务印书馆《订正女子修身教科书（国民学校）》

第十七课　诚实

李兒售果
索價不二
有將爛者
必告人
減價售之

1	2	3	4	5	6	7	8	9	10	11	12	13	14
劳动节	廿六	廿七	青年节	立夏	三十	四月	母亲节	初三	初四	初五	护士节	初七	初八
15	16	17	18	19	20	21	22	23	24	25	26	27	28
初九	初十	十一	十二	十三	小满	十五	十六	十七	十八	十九	二十	廿一	廿二
29	30	31											
廿三	廿四	廿五											

第十八课　戒中辍

孟子幼輟學

其母以刀斷織

曰　子之廢學

若斷斯織也

苦學

范仲淹少時，讀書僧舍。每日不再舉火，斷虀畫粥，以供朝夕。勤讀不輟，終成大儒。

管甯華歆嘗同席讀書
有乘軒過門者　歆
廢書出觀　甯割席分
坐　曰　子非吾友也

第二十课　专一

商务印书馆《最新修身教科书（初小）》

弈秋誨二人弈　其一人專心致志惟弈秋之為聽　一人雖聽之　一心以為有鴻鵠將至　思援弓繳而射之　雖與之俱學　弗若之矣

第二十一课 专心（一）

商务印书馆《最新修身教科书（初小）》

第二十二课 专心（二）

讀書之時
須專心看字
講書之時
須專心聽講

中华书局《新制初等小学修身教科书》

第二十三课 专心（三）

王生温課
熟讀深思
目不旁視
心不妄想

第二十四课 温课

休假之時
宜常温課
功課既熟
雖久不忘

商务印书馆《订正女子修身教科书（国民学校）》

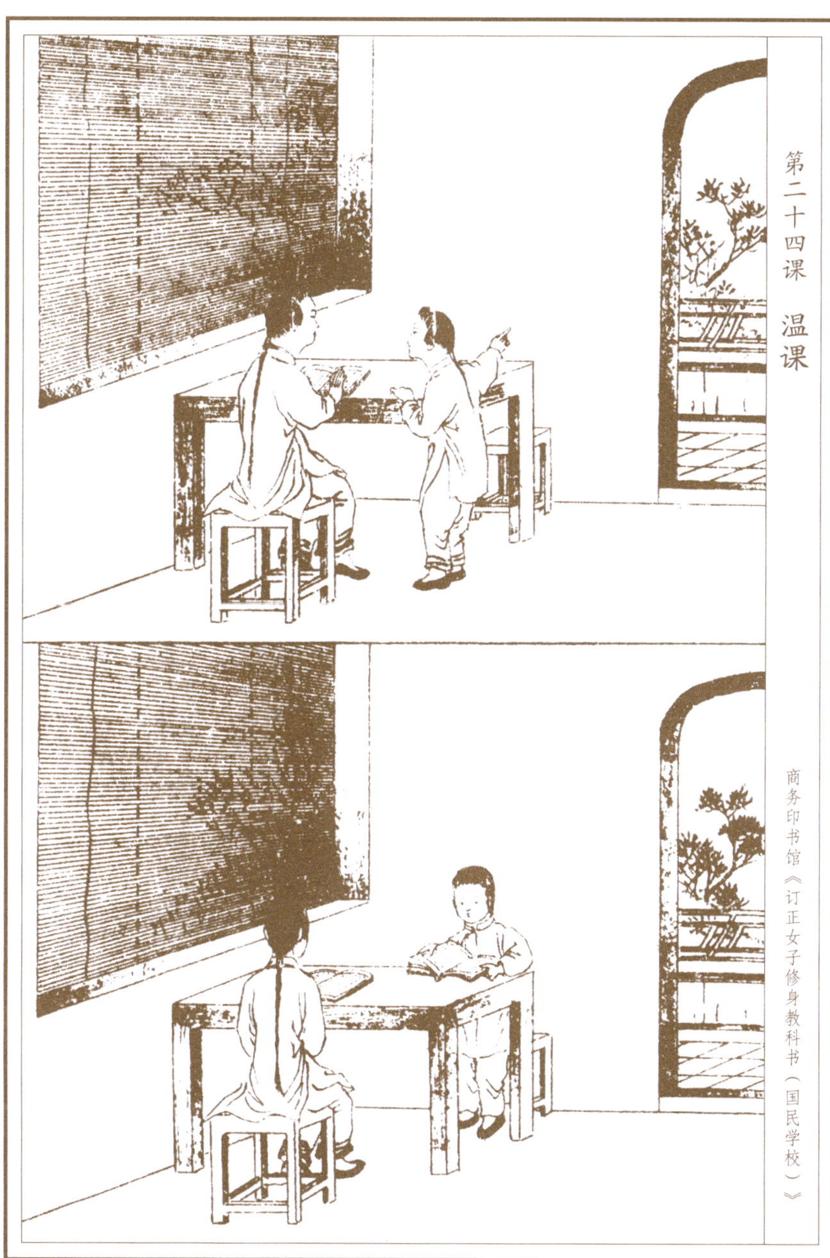

第二十四课　温课

商务印书馆《订正女子修身教科书（国民学校）》

			1 儿童节	2 廿七	3 廿八	4 廿九	5 芒种	6 初二	7 初三	8 初四	9 端午节	10 初六	11 初七
12 初八	13 初九	14 初十	15 十一	16 十二	17 十三	18 十四	19 父亲节	20 十六	21 夏至	22 十八	23 十九	24 二十	25 廿一
26 廿二	27 廿三	28 廿四	29 廿五	30 廿六									

第二十五课　修省（一）

西門豹性急　故佩韋以自緩
董安于性緩　故佩弦以自急

第二十五课　修省（一）

商务印书馆《最新修身教科书（初小）》

趙槩宴居之室 必置三器於几上 一貯黃豆 一貯黑豆 一空之 又間投數豆於空器中 人莫喻其意 問之 槩曰 吾平日興一善念 則投一黃豆 興一惡念 則投一黑豆 用以自警 始則黑多於黃 中則黃多於黑 近者二念俱忘 亦不復投矣

第二十六课 修省（二）

商务印书馆《最新修身教科书（初小）》

第二十七课　勤勉

陳正之性甚鈍
讀書非二三百遍
不熟　勤讀不懈
以博學顯

第二十七课　勤勉

商务印书馆《最新修身教科书（初小）》

知恥

吉茂好書 不恥惡衣惡食 而恥一物之不知

人必有恥則可教

第二十八课 知耻

学部图书局（宣统）《初等小学简易科修身教科书》

隨會明睿而博識
然且惱然而不自居
惟曰余有所不見
惟曰余有所不聞
惟曰余有所不知

第二十九课　谦让

商务印书馆《最新修身教科书（初小）》

第三十课　慎言

王獻之偕二兄見謝安客問其兄弟優劣安曰少者佳以其少言也

					1 建党节	2 廿八	3 廿九	4 六月	5 初二	6 初三	7 小暑	8 初五	9 初六
10 初七	11 初八	12 初九	13 初十	14 十一	15 十二	16 十三	17 十四	18 十五	19 十六	20 十七	21 十八	22 大暑	23 二十
24 廿一	25 廿二	26 廿三	27 廿四	28 廿五	29 廿六	30 廿七	31 廿八						

第三十一课　自立

巢中小鳥

賴母哺食
久之
毛羽豐滿
皆出巢
自覓食物

第三十二课　自助

蜘蛛布網於簷間

絲為風吹斷

更吐絲補之

又斷　再補之

往來不息

卒成一網

第三十三课 合力

羣鳥築巢彼此合力一日而巢成

商务印书馆《订正女子修身教科书（国民学校）》

第三十三课 合力

商务印书馆《订正女子修身教科书（国民学校）》

第三十四课　勇敢

兩雄雞鬭院中皮破血流羽毛紛落而奮鬭不止

第三十五课 御侮

鳩乘鵲出　占居巢中　鵲歸不得入　招其羣至　共逐鳩去

孔子曰。辟如為山。未成一簣。止。吾止也。辟如平地。雖覆一簣。進。吾往也。

孟子曰。有為者辟若掘井。掘井九軔。而不及泉。猶為棄井也。

第三十六课　力行（一）

商务印书馆《最新修身教科书（初小）》

第三十七课 力行（二）

子路人告之以有過則喜喜知己過可以速改之也

	1 建军节	2 三十	3 七月	4 初二	5 初三	6 初四	7 立秋	8 初六	9 七夕节	10 初八	11 初九	12 初十	13 十一
14 十二	15 十三	16 十四	17 中元节	18 十六	19 十七	20 十八	21 十九	22 二十	23 处暑	24 廿二	25 廿三	26 廿四	27 廿五
28 廿六	29 廿七	30 廿八	31 廿九										

他人之物
我不可取

第三十八课　不苟取

商务印书馆《订正女子修身教科书（国民学校）》

張九成幼年處學　正當苦寒　衣衾不備　有以衣送之者　卻不受　曰　士處貧苦　若不自抑損　則貪慾生而廉恥喪矣

第三十九课　节欲

商务印书馆《最新修身教科书（初小）》

第四十课　宽恕

蕭勵性率儉。而氣度寬裕。左右嘗將羹至胷前。翻之。勵顏色不異。徐呼更衣。

魏咸熙性仁厚。嘗會賓客。家僮數輩。覆案碎器。客皆驚愕。咸熙色不變。令更設饌具。

第四十课　宽恕

商务印书馆《最新修身教科书（初小）》

范文正公知開封時。遣次子堯夫。將麥五百斛往蘇州。還次丹陽。見石曼卿。曰。三喪欲葬。無與謀者。堯夫以麥金與之。二女未適。又以舟與之。還見。公曰。江南見故舊乎。曰。丹陽見石曼卿者。三喪不歸。二女未適。以麥金與之猶未敷。公曰。何不連麥舟與之。曰。與之矣。公曰。善。

第四十一课　笃厚

商务印书馆《最新修身教科书（初小）》

錢勰奉使弔高麗。凡餽饟。非故所有者。皆弗納。歸次紫燕島。王遣二吏追餉金銀器四千兩。勰曰。在館時既辭之矣。今何為者。吏泣曰。王有命。徒歸則死。勰曰。吾惟例是視。汝可死。吾不可受。竟卻之。

第四十二课　辨义利

商务印书馆《最新修身教科书（初小）》

				1 八月	2 初二	3 初三	4 初四	5 初五	6 初六	7 白露	8 初八	9 初九	10 教师节
11 十一	12 十二	13 十三	14 十四	15 中秋节	16 十六	17 十七	18 十八	19 十九	20 二十	21 廿一	22 秋分	23 廿三	24 廿四
25 廿五	26 廿六	27 廿七	28 廿八	29 廿九	30 三十								

第四十三课　戒争

與人共飯
不可爭食
與人同行
不可爭先

第四十三课 戒争

戒妄為

司馬光嘗自言吾無過人者但平生所為未嘗有不可對人言者耳

第四十四课　戒妄为

第四十五课　戒贪

虎撲一兔　將及矣
又見一鹿
舍兔逐之
鹿行速　不能及
兔亦逸去

第四十五课 戒贪

一兒行急覆水壺於地母戒之曰舉動宜慎此汝疏忽之過也

第四十七课　爱惜用物

紙張筆墨。得之不易。宜知愛惜。不可妄費。

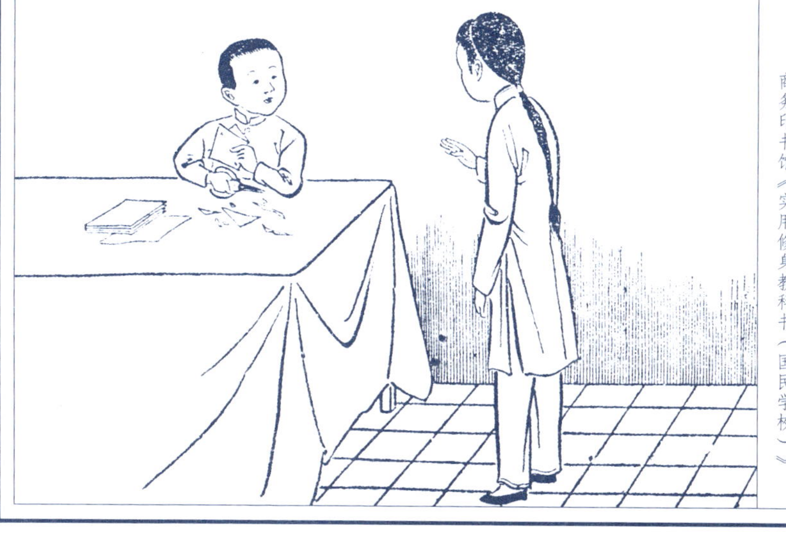

						1 国庆节	2 初二	3 初三	4 初四	5 初五	6 初六	7 初七	8 寒露
9 重阳节	10 初十	11 十一	12 十二	13 十三	14 十四	15 十五	16 十六	17 十七	18 十八	19 十九	20 二十	21 廿一	22 廿二
23 霜降	24 廿四	25 廿五	26 廿六	27 廿七	28 廿八	29 廿九	30 三十	31 十月					

几案必整齊
堂室必潔淨

第四十八课　清洁

第四十八课 清洁

商务印书馆《最新修身教科书（初小）》

第四十九课　起居

夜宜早眠

朝宜早起

商务印书馆《订正女子修身教科书（国民学校）》

第四十九课 起居

商务印书馆《订正女子修身教科书（国民学校）》

第五十课　服劳

學生數人

在課堂中

或拭几

或掃地

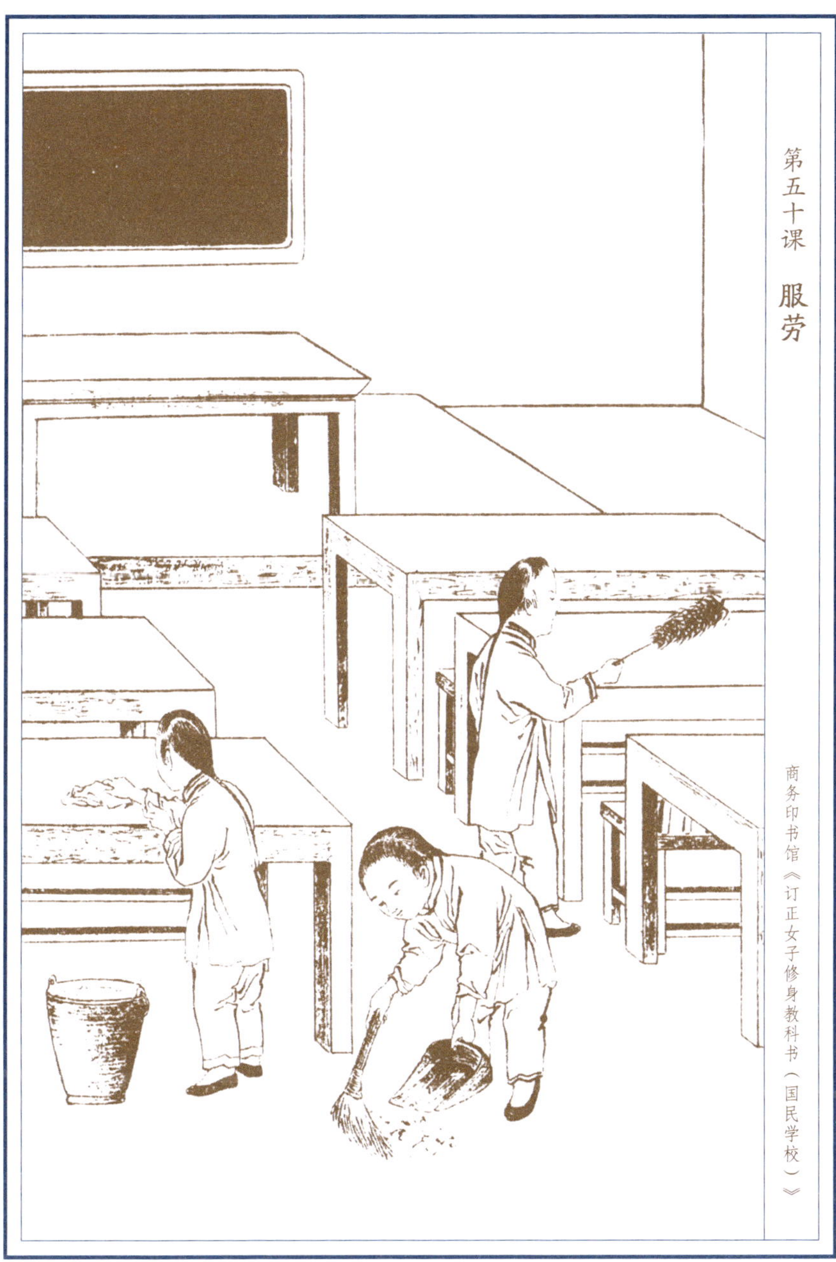
第五十课 服劳
商务印书馆《订正女子修身教科书（国民学校）》

第五十一课 节饮食

飲食
以止飢渴
多飲多食
皆足傷身

商务印书馆《订正女子修身教科书（国民学校）》

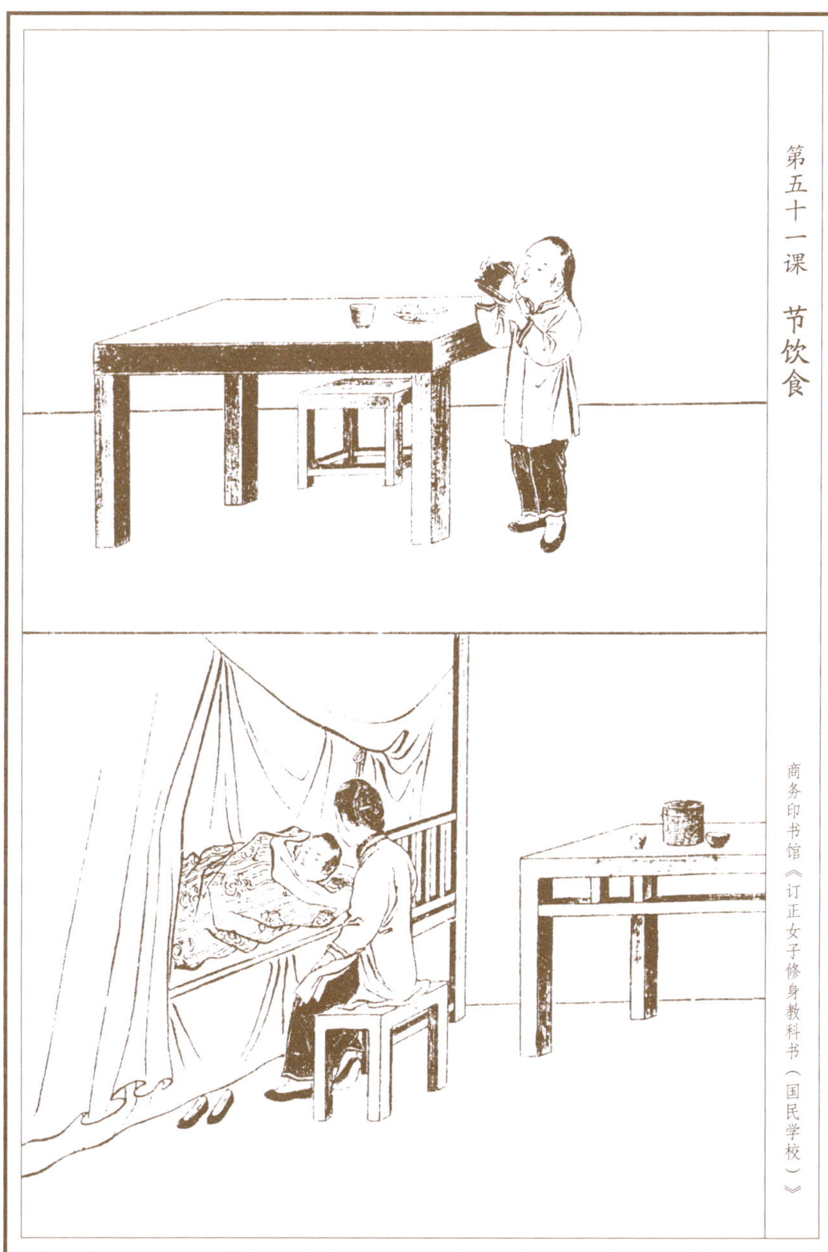

第五十一课　节饮食

商务印书馆《订正女子修身教科书（国民学校）》

體欲常勞
食欲常少

第五十二课　卫生（一）

第五十三课　卫生（二）

飯後即用心力
則胃中食物
不易消化
故必遊散片時

		1 初二	2 初三	3 初四	4 初五	5 初六	6 初七	7 立冬	8 初九	9 初十	10 十一	11 十二	12 十三
13 十四	14 十五	15 十六	16 十七	17 十八	18 十九	19 二十	20 廿一	21 廿二	22 小雪	23 廿四	24 廿五	25 廿六	26 廿七
27 廿八	28 廿九	29 十一月	30 初二										

髮常梳　牙常刷

身常浴　衣常洗

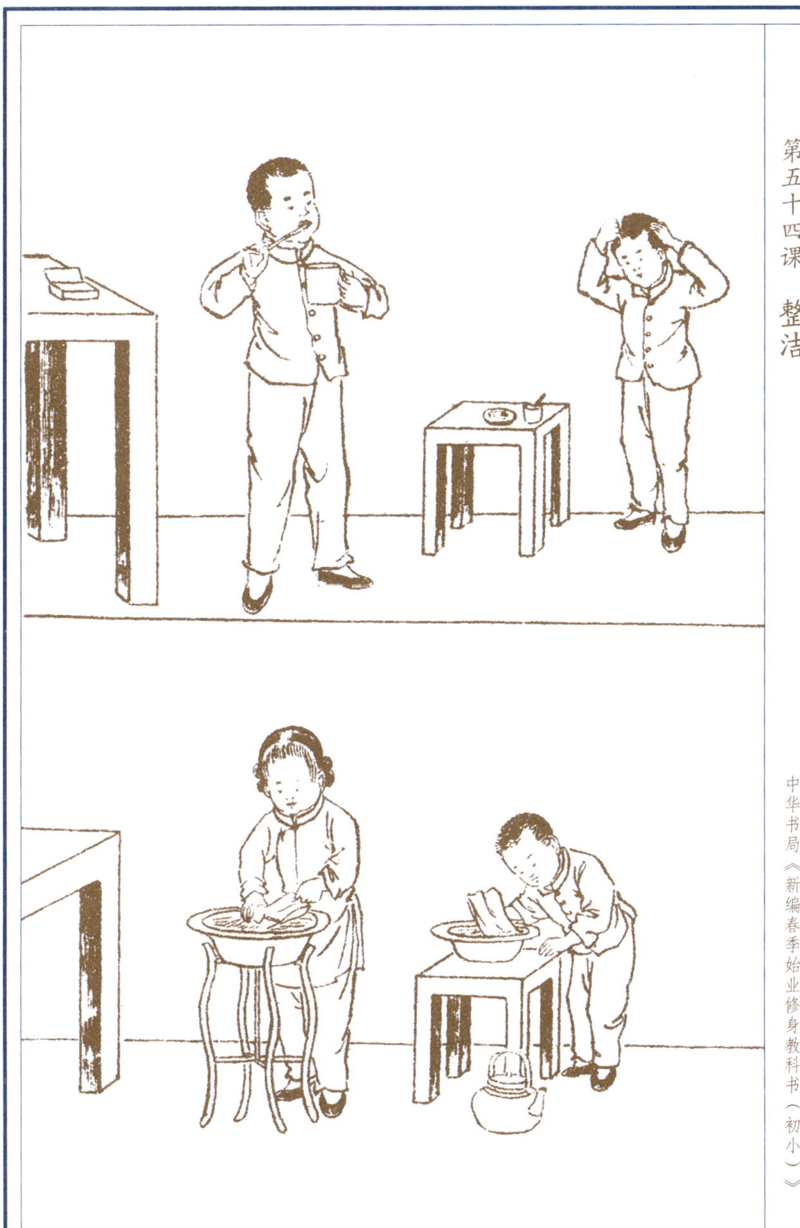

第五十四课　整洁

中华书局《新编春季始业修身教科书（初小）》

第五十五课　食礼（一）

朱熹曰　凡飲食舉匙必置箸舉箸必置匙食已則置匙箸於案

第五十六课　食礼（二）

食時
宜斂身近案
從容舉箸
毋亂撥蔬肴
毋咀嚼有聲

第五十七课　行路之礼（一）

朱子曰

行步須端整

不可跳躍

尊長喚召

當疾走而前

不可太緩

第五十八课　行路之礼（二）

行路須整步
與長者同行
必隨其後
遇長者於路
必趨前致敬

第五十九课　贮物

筆墨鍼線貯於定所取用始便

商务印书馆《订正女子修身教科书（国民学校）》

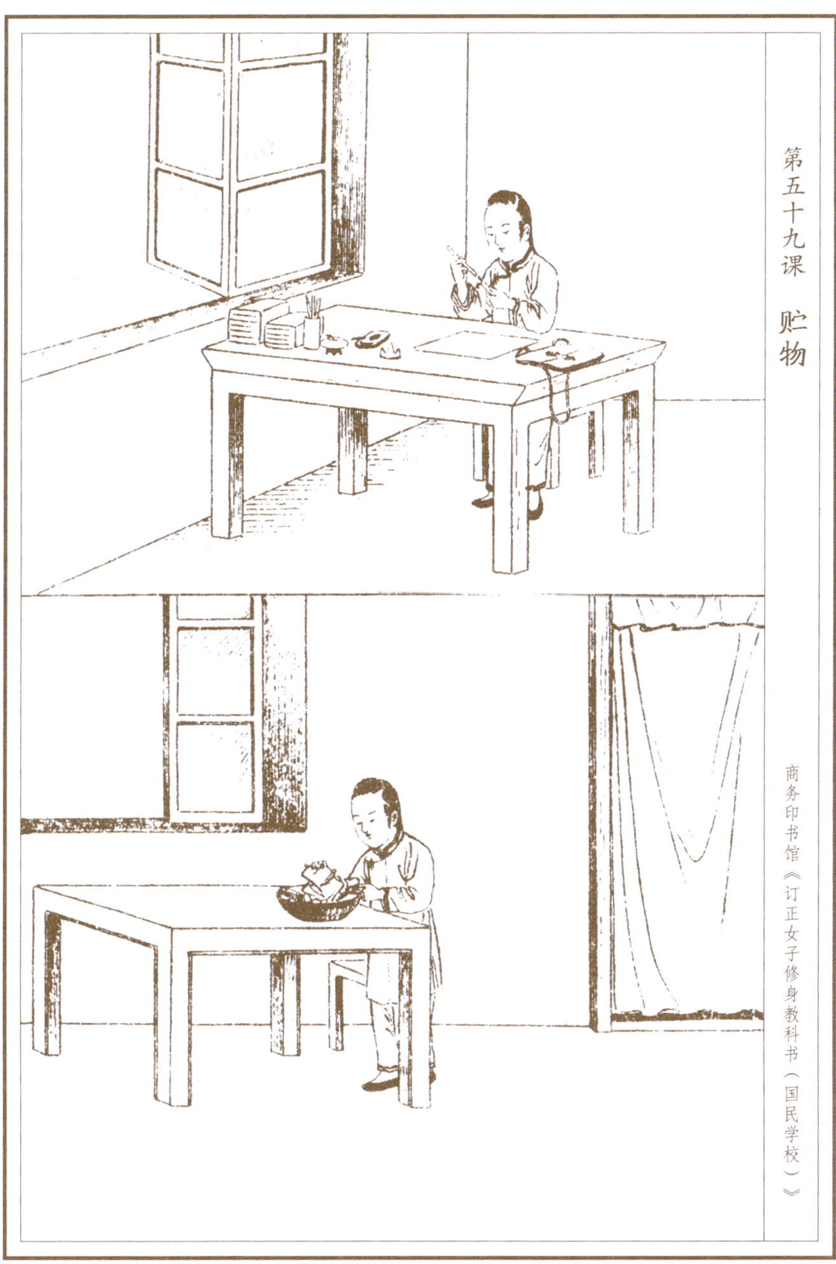

第五十九课　贮物

商务印书馆《订正女子修身教科书（国民学校）》

第六十课 整理（一）

王兒溫課畢
圖書筆墨
收入書包
乃往遊戲

第六十一课　整理（二）

凡脫衣
必摺疊整齊
置於箱中
勿散亂堆放

				1 初三	2 初四	3 初五	4 初六	5 初七	6 初八	7 大雪	8 初十	9 十一	10 十二
11 十三	12 十四	13 十五	14 十六	15 十七	16 十八	17 十九	18 二十	19 廿一	20 廿二	21 冬至	22 廿四	23 廿五	24 廿六
25 廿七	26 廿八	27 廿九	28 三十	29 腊月	30 初二	31 初三							

從善

客謂主人之竈當曲突 遠徙其薪 不然 且有火患 主人不聽 俄而家果失火

第六十二课　从善

学部图书局（宣统）《初等小学简易科修身教科书》

報德

鄰人爭救火　火熄　主人置酒為謝

第六十三课　报德

焦頭爛額者上坐餘各以功次坐無德不報

不掠美

人謂主人曰 嚮使聽客之言 終無火患 今論功而獨遺客 何也 主人悟而請之

第六十四课　不掠美

学部图书局（宣统）《初等小学简易科修身教科书》

第六十五课　公德

父攜兒遊公園。父告兒曰：此公共之地，園中各物，皆宜愛護之。

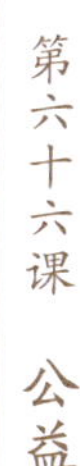

第六十六课　公益

道中有瓦礫
兒見之
恐礙行人
急拾之
棄於牆隅

某地災荒。待賑甚急。設櫃於路以募捐。某兒隨其父見之。請於父。投錢其中。

兵一隊與敵戰敵彈如雨傷人甚多衆兵奮鬭卒勝敵軍

图书在版编目（CIP）数据

经典修身课：二〇一六记事 / 诗云编选．—沈阳：
辽宁人民出版社，2016.1
ISBN 978-7-205-08428-8

Ⅰ．①经…　Ⅱ．①诗…　Ⅲ．①个人－修养－通俗读物
Ⅳ．① B825-49

中国版本图书馆 CIP 数据核字（2015）第 267614 号

出版发行：辽宁人民出版社
地址：沈阳市和平区十一纬路 25 号　邮编：110003
电话：024-23284321（邮　购）　024-23284324（发行部）
传真：024-23284191（发行部）　024-23284304（办公室）
http://www.lnpph.com.cn
印　　刷：辽宁奥美雅印刷有限公司
幅面尺寸：140mm×200mm
印　　张：9.5
字　　数：10 千字
出版时间：2016 年 1 月第 1 版
印刷时间：2016 年 1 月第 1 次印刷
责任编辑：时祥选
装帧设计：先知传媒
责任校对：耿　珺
书　　号：ISBN 978-7-205-08428-8
定　　价：48.00 元

敬告

推出这样的文化产品于我们是一种尝试，
欢迎大家提出宝贵意见，
帮助我们改进。
意见中肯、建议可行，
将获赠本社新书一册。

欢迎企业、团体联系定制，
我们会竭力为大家提供服务。

请发邮件至：53490914@qq.com，
或致电：024-23284322
联系人：时祥选

姓名：

邮箱：

电话：

如有拾获，敬请按以上信息联系本人，非常感谢。

近来惊白发方解惜青春　民国·王福庵

朱自清传世经典散文
丰子恺漫画唯美呈现

背影

□朱自清 著 □丰子恺 绘

出版传媒(集团)股份有限公司
出版社